©Devsisters Corp.

- **1판 1쇄 발행** | 2015년 11월 30일
- **1판 7쇄 발행** | 2017년 9월 4일
- **글** | 조주희
- **그림** | 이태영
- **감수** | 김장미
- **발행인** | 이정식
- **편집인** | 최원영
- **편집장** | 안예남
- **편집** | 김이슬, 이은정, 오혜환, 박현주, 최다혜
- **디자인** | 이명헌, 남정임, 최한나
- **출판영업** | 홍성현, 임종현
- **제작** | 이수행, 주진만
- **출력** | 덕일인쇄사
- **인쇄** | 서울교육
- **발행처** | 서울문화사
- **등록일** | 1988. 2. 16
- **등록번호** | 제2-484
- **주소** | 04376 서울특별시 용산구 새창로 221-19
- **전화** | 02)791-0754(판매) 02)799-9196(편집)
- **팩스** | 02)749-4079(판매) 02)799-9334(편집)

ISBN 978-89-263-8723-8
     978-89-263-9810-4 (세트)

달리는 쿠키들의 한자 대모험

쿠키런

한자런

©Devsisters Corp.

서울문화사

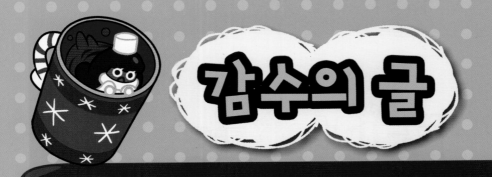

감수의 글

'한자'는 과학이나 역사와 같이 우리 아이들이 꼭 배워야 할 과목입니다. 왜일까요?

세종대왕이 한글을 만들기 이전, 우리 조상들은 한자를 사용하여 편지를 쓰고,
시도 쓰고 자신의 생각을 적는 등 실생활에 필요한 모든 내용들을 기록했습니다.
한마디로, 의사소통의 수단이 한자였던 것이지요.
자랑스러운 한글이 만들어져 글을 읽고 쓰기가 편해졌지만,
우리말의 70% 이상은 여전히 한자어로 이루어져 있습니다.

"영희와 나는 운동을 했습니다."라는 문장에서 '운동'은 한자어입니다.
'움직이다'라는 뜻의 옮길 운(運)과 움직일 동(動)으로 이뤄진 단어입니다.
"소중한 친구에게 편지를 쓰다."라는 문장에서 역시
'소중'과 '친구', '편지' 모두 한자어입니다.
이렇듯 한자를 알면 말이나 문장을 보다 더 쉽게 이해하고 글을 쓸 수 있습니다.
또, 의사소통도 쉬워지며, 다른 공부에도 많은 도움을 줍니다.
많은 과목의 용어 대부분이 한자어이기 때문에 이해도를 높일 수 있지요.

모두들 한자는 배우는 것이 어렵다고 합니다.
〈쿠키런 한자런〉은 쉬운 한자부터 재미있게 배울 수 있는 책입니다.
'천 리 길도 한 걸음부터'라는 속담처럼, 이 책을 통해 여러분이 한자에 흥미를
가졌으면 합니다. 무슨 공부이든 흥미나 재미가 없으면 성취하기가 어렵습니다.
책을 재미있게 읽는 동안 한자 실력이 쑥쑥 성장하기를 기대합니다.

김장미(봉담중 한문교사)

머리말

한자, 달리기, 놀이동산이 금지된 쿠키나라를 한자로 구하는 초등 쿠키들의 신나는 모험담!

우리가 하는 말 중에는 '쿠키런'처럼 외국말이 섞여 있기도 하고,
'이슬비'처럼 순우리말도 있고, '전력질주'처럼 한자로 된 말도 있어요.
이 중에서 한자는 우리가 쓰는 말의 상당한 부분을 차지하고 있지요.

그렇기 때문에 차근차근 한자를 익히면
처음 접하는 단어의 뜻도 쉽게 알 수 있고,
한자 실력과 함께 이해력과 사고력도 쑥쑥 자란답니다.

〈쿠키런 한자런〉에서 재미있는 이야기를 읽다 보면
여러분도 어느새 한자와 친해지게 될 거예요.
마녀가 금지시킨 한자의 비밀을 알게 된 쿠키 초등학생들이
쿠키나라를 구하기 위해 모험을 떠나는 이야기가 펼쳐지거든요.

쿠키 주인공들과 함께 신나는 모험을 펼치며
재미와 감동이 있는 순간,
잊을 수 없는 한자들과 만나 보세요!

우리와
함께 가자!

등장인물 소개

용감한 쿠키

쿠키나라를 구하기 위해 모험을 하고 있다. 빨리 달리기가 특기, 독한 방귀 뀌기가 취미이다.

명랑한 쿠키

펫 알과 쿠키런 경기장에 대해 아는 게 많은 똑똑한 쿠키. 눈치가 빠르고 위기의 순간에 잘 대처한다.

탐험가맛 쿠키

모험을 좋아하는 쿠키. 과거 슈크림맛 쿠키를 배신하고 마법 거울을 훔쳐 달아났다.

코코아맛 쿠키

불꽃정령 쿠키의 하수인. 도도한 성격으로, 따뜻한 코코아컵에 들어가 있는 걸 좋아한다.

예언자맛 쿠키

전설의 쿠키 중 한 명으로 포춘 쿠키로 예언을 할 수 있다.

불꽃정령 쿠키

전설의 쿠키였으나 지금은 굴뚝 마녀에게 굴복했다. 달빛술사 쿠키를 짝사랑하고 있다.

쿠키앤 크림 쿠키

용감한 쿠키의 할머니. 과거 쿠키나라를 구한 전설의 쿠키.

달빛술사 쿠키
버려진 마법도시에 사는 미모의 마법사. 잠이 들면 더욱 강력한 마법을 부릴 수 있다.

슈크림맛 쿠키
달빛술사 쿠키의 조수. 과거 탐험가맛 쿠키에게 배신당한 후 그를 미워하나 마음속으로는 걱정한다.

마법사맛 쿠키
쿠키런 경기장이 있는 곳을 표시한 마법사전을 들고 다닌다.

딸기맛 쿠키
존재감은 미미하지만 긴박한 순간 뛰어난 재치를 발휘할 줄 아는 숨은 재주꾼.

닌자맛 쿠키
조용히 숨어 있거나 벽을 타고 빠르게 움직일 줄 아는 쿠키.

보더맛 쿠키
언제나 보드를 타고 다니는 장난꾸러기 쿠키.

블랙베리맛 쿠키
탐험가맛 쿠키의 저택에서 일하는 쿠키로 능력이 많다.

악마맛 쿠키
불꽃정령 쿠키의 하수인. 천사였으나 타락주사를 맞고 악마가 되었다.

버터크림 초코쿠키
과거 용을 물리친 전설의 쿠키였으나 지금은 돈밖에 모르는 쿠키도시 최고의 부자이다.

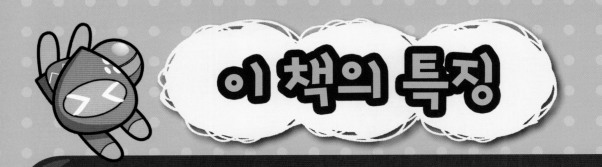

이 책의 특징

1 맥락으로 기억한다!

이 책은 이야기의 맥락과
강하게 연결된 한자 만화로,
흥미진진한 내용을
따라가다 보면
자연스럽게 한자를
익힐 수 있습니다.

2 시각으로 기억한다!

만화 속에서
중요한 장면마다
큰 이미지의 한자가
인상 깊게 등장하여
눈으로 한자를
먼저 기억하게 됩니다.

③ 기초부터 학습한다!

획이 많고 어려운 뜻의
상급 한자보다는
초등학생이 접하기 쉬운
초급 한자부터
차근차근 배웁니다.

④ 반복해서 기억한다!

만화에서 한자가
여러 번 등장하여
반복 학습이 가능하고,
권말 집중 탐구로
확실히 정리합니다.

차례

배신(背信)은

등 배(背) 자와 믿을 신(信) 자로 이루어진 말이야.

〈쿠키런 한자런〉 5권에 등장하는 한자

通 통할 통	過 지날 과	不 아닐 부	足 발 족
助 도울 조	巨 클 거	魔 마귀 마	法 법 법
失 잃을 실	望 바랄 망		
背 등 배	信 믿을 신		

우리와 함께 한자의 세계로 가자!

助
도울 조

通
통할 통

過
지날 과

21장

마법도시로 모이다

거울아~ 거울아~
우릴 마법도시로 데려가줘~!

不足

아닐 부   발 족

다들 꽉 잡아!

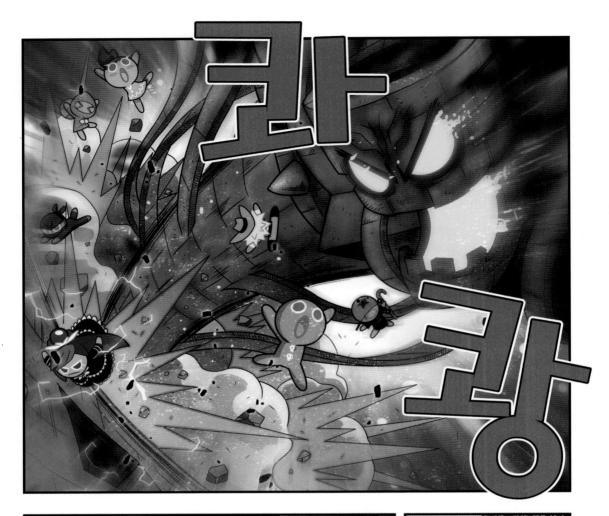

명랑한 쿠키,
꽉 잡아!

블랙베리맛
쿠키!

날 구해 주는 일 말이야.

씨익

죄송합니다…. 이제 손을 놔주세요.

손을 놓으라니?

스윽

대신 제 허리를 잡으세요.

그리고 모두 서로를 꽉 잡아요!

다 다 다 다

뭐 하는 거야?

부웅

*반동을 이용해 위로 올라갈 것입니다!

다 다 다 다

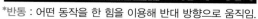

*반동 : 어떤 동작을 한 힘을 이용해 반대 방향으로 움직임.

우수수

스윽

헉!

휘익

거인이
물러난다.

사,
살았어….

우리가
이겼다!

와아

와

블랙베리맛 쿠키 덕분이야.

너 정말 굉장하다~!

우리 집 집사라고~.

하지만 아직 기뻐하긴 일러. 이제 겨우 1단계를 통과(通過)했을 뿐이야.

통과(通過)?

통할 통(通)은

쉬엄쉬엄 가는 모습을 뜻하는 착(辵→辶) 자와

길 또는 대롱을 뜻하는 용(甬, 길 용)이 합쳐져

쉬엄쉬엄

甬

대롱 속을 들어갔다 나오는 모습을 표현한 한자야.

통과했으니 통할 통(通)!

쏘옥

척

소식이 통하다, 통신(通信).

여보세요?

학교를 다니다, 통학(通學).

학 교

차아아

지날 과(過)는

쉬엄쉬엄 갈 착(辶) 자에

입 비뚤어질 괘(咼) 자가 올라타서

또 쉬엄쉬엄

헉!

'바른 길을 지나치다, 그냥 지나치다'라는 의미를 담고 있지.

슝!

우린 네 단계를 더 통과(通過)해야 해.

그래야 완주(完走)할 수 있어.

척

그런데 마법도시의 쿠키런 경기장이 전부 5단계인 건 어떻게 알고 있는 거야?

슈크림맛 쿠키가 지나가듯 이야기해 준 적이 있거든.

하아~ 슈크림맛 쿠키~

둥실

슈크림맛 쿠키가 내 어깨에 살포시 기대어서 말이야…

마법도시는 달빛술사 쿠키님과 저, 단 둘이서 살기엔 너무 커요.

둥실

또 시작됐군.

휘이이

텅 빈 마법도시를 모두 돌아보는 데만 해도 100년은 걸릴 거예요.

그리고 지하(地下)에는 미로 같은 도시들이 펼쳐져 있답니다.

5단계나 되는 아주 무시무시한 경기장도 있어요.

경기장?

해가 뜰 때까지 경기장을 통과(通過)하지 못하면 영영 나올 수 없죠. 지하(地下) 감옥에 갇히는 거예요.

감옥?

당신과 함께 있는 걸 달빛술사 쿠키님이 보신다면 절 지하 감옥에 가두실 거예요.

상관없어. 난 절대 슈크림맛 쿠키를 떠나지 않을 거야!

탐험가맛 쿠키님….

다다다다

스윽

도망가자~

그리고 그날 밤, 난 거울을 들고 도망쳐 나왔지.

이 나쁜 쿠키!

원래 탐험가는 그런 거야. 개인적인 감정보다는 고대 유물이 더 중요하다고!

퍽

퍽

퍽퍽

휙

블랙베리맛 쿠키, 너마저 등을 돌리는 거야?

슈크림맛 쿠키에게 들은 정보는 그게 다야?

그때는 경기장이 뭔지 몰랐으니까 자세히 물어보지 않았지.

잠깐, 아까 했던 이야기 다시 해 봐.

슈크림맛 쿠키가 내 어깨에 기대어….

그거 말고!

절대 슈크림맛 쿠키를 떠나지 않을….

욱

아니! 언제까지 통과(通過)해야 한다며?!

버럭

아, 그거? 해가 뜰 때까지.

그때까지 5단계를 전부 통과(通過)하지 못하면 영영 이곳을 벗어날 수 없다고 했어.

화악

뭐라고?!

그럼 이렇게 한가롭게 있을 시간이 없잖아!

빨리 다음 단계로 가야 해!

시간이 부족(不足)해.

아닐 부(不) 자와 발 족(足) 자가 합해진 말, 부족(不足)!

아닐 부(不) 자는 새가 하늘로 날아올라 땅으로 내려오지 않는 모습을,

땅으로 안 가!

촤-아-아

싹둑

또는 나무(木, 나무 목)의 윗가지를 잘라 나무가 더 이상 자라지 않는 모습을 나타낸 한자야.

발 족(足) 자는 무릎에서 발끝까지를 본뜬 글자로, '발'이라는 뜻 외에 '만족하다, 충분하다, 넉넉하다'라는 의미가 있어.

그러니까 부족(不足)은 '넉넉하지 않다, 충분하지 않다'라는 뜻….

설명 그만! 우린 시간이 부족(不足)하다니까! 얼른 움직여!

화-악

이상해.

거인의 몸에 길이
붙어 있지 않아.

쿠오오오

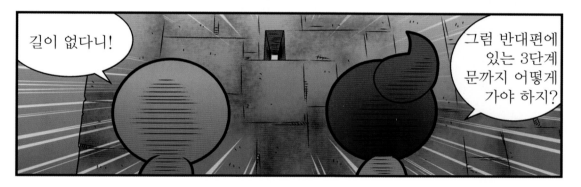

길이 없다니!

그럼 반대편에
있는 3단계
문까지 어떻게
가야 하지?

펫을 타고
날아가면
되잖아.

공중으로 날아오르면
무거운 거인(巨人)은
우릴 잡을 수 없을
거야.

그렇게 간단한
방법이 있었다니!
좋았어!

아… 너희 아직
눈치 못 챘어?

와

와아

방

방

마법도시에 들어온 순간부터 펫들이 힘을 못 쓰고 있다고.

치, 치즈방울!

배낭아!

꿀꿀꿀

헉헉

지지지직

아마도 마법도시에는 펫들이 힘을 못 쓰도록 막는 마법이 걸려 있는 것 같아.

그럼 어쩌지?

해가 뜰 때까지 3단계로 넘어가지 못하겠어.

크르르르

이럴 때 전설의 쿠키 영웅들이 있었다면 우리에게 조언(助言)을 해 주셨을 텐데….

털썩

조언(助言)?

도울 조(助)에 말씀 언(言), 도와주는 말!

도울 조(助)는

고기 담는 그릇, 또 차(且).

힘 력(力).

탁

탁

힘을 모아 그릇에 고기를 수북이 쌓는 모습을 나타내.

모두 고기 쌓는 걸 도왔어, 도울 조(助)!

척

그래, 우리는 도움이 필요해.

크ㄹㄹㄹ

전설의 쿠키님들, 저희에게 조언(助言) 좀 해 주세요~!

내가 더
미남(美男)
이야!

내가 더
피부가
좋다고!

거울을 봐,
거울을!

그만들 해.

힘이 달려서 못
싸우겠구면.

획

획

하아

헉

헉

하아

하아

그나저나
아이들은 모두
어디로 사라진
걸까?

획

쩌이익

초코방울이 자꾸
거울에 초코를
뿌리는군. 왜 저러지?

쩌이익

쩌익

쩍

?

?

초코방울이
사라졌어!

캉

캉

캉

파앗

다시
나왔다!

세상에나 이렇게
신기한 일이!

끄덕

끄덕

뭐,

나왔으니
됐네.

없어지는 줄 알고
깜짝 놀랐네~.

신통한 재주가
있는 녀석이야.

우르르

그나저나
아이들은
어디 있나.

으...

불꽃정령 쿠키님,
정말 마법도시로
가실 겁니까?

휘익

마법도시를 휘젓고
다니는 못된 쿠키들을
혼내 주고 펫 알도
내가 차지할 거야.

뜨끈

…….

둥실

퍼

코코아컵을
새로 만들어 주신
붉은 용님께
보답 좀 해라!

그래요, 그게 바로 나란 남자(男子)!

이거 영~ 걱정되네.

척

가자, 마법도시로!

마법도시는 지도에도 없는데 어떻게 찾아가요?

맞는 말이야.

마법도시는 마법으로만 갈 수 있지.

마법?

내가 달빛술사 쿠키에게 선물을 보낼 때 쓰는 마법의 거울만 있으면 돼.

사삭

이 거울과 똑같은 거울이 마법도시에도 있지. 이 안으로 들어가면 그 거울로 통한다고.

슈웅

팟

이 거울에 펫 알의 껍데기 가루를 많이 뿌려 두었거든.

그래서 펫의 도움 없이도 언제든 마법 도시로 갈 수 있지.

이 거울을 통해 얼마나 많은 꽃과 선물을 보냈던가.

슝

분명 이 거울은 달빛술사 쿠키님의 침실로 통하고 있을 거야.

휙

아니면 응접실이나 거실? 어디든 엄청 중요한 곳이겠지?

파닥

파닥

척

하여튼 우린 그냥 거울로 뛰어내리면 된다.

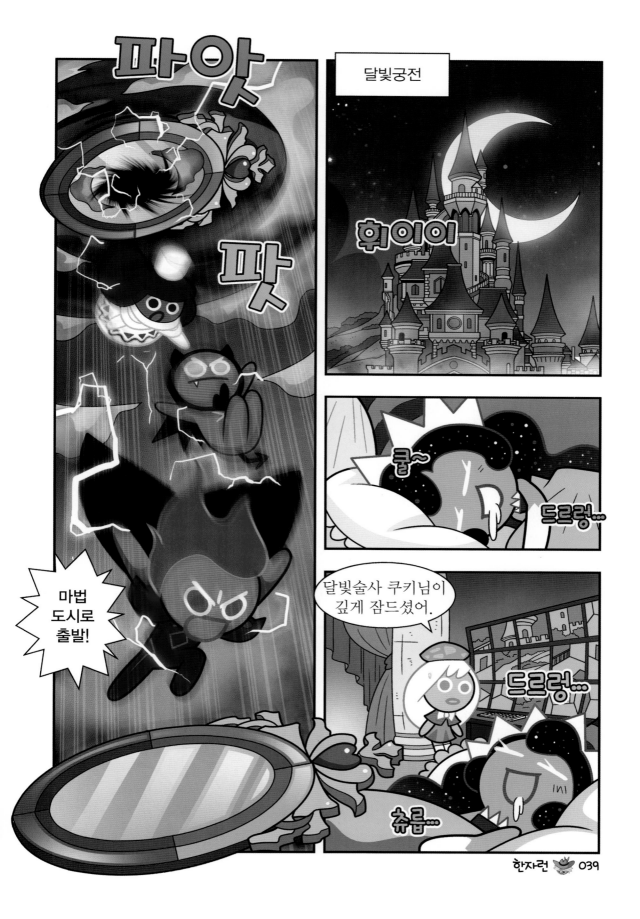

파앗

팟

달빛궁전

휘이이

쿨~

드르렁...

마법
도시로
출발!

달빛술사 쿠키님이
깊게 잠드셨어.

드르렁...

츄릅...

그럼 마법이 점점 더 세질 거야.

달빛술사 쿠키님은 꿈속에서 더 강력한 마법을 부릴 수 있으니까.

잠버릇이 좀 고약하시지….

다들 달빛술사 쿠키님의 마법 때문에 2단계 입구(入口)에서 꼼짝도 못하고 있어.

달빛술사 쿠키님이 꿈속에서 거인들을 조종하고 있다는 걸 생각도 못 하겠지.

탐험가맛 쿠키님도 모르실 거야.

쿠키들을 모두 부셔 버릴 거야!!

저들은 절대 해가 뜰 때까지 완주(完走)하지 못할 거야.

탐험가맛 쿠키님은 이대로 지하 감옥에 갇히고 마는 걸까?

다정한 분이었는데….

슈크림맛 쿠키~

슈크림…   쿠키~

슈크림

슈크림

하아…

하지만 나를 속이고 거울을 훔쳐 갔지!

끄으으…

쌩

지하 감옥에서
아무도 나갈 수
없어!

살려 줘!

데굴

데굴

우당탕

험난한 레이스를 통과하라!

이얍~

걸음아,
날 살려라~

큰 자를
든 모양의
클 거!

ㅌ

클 거

22장

달빛술사의 전설

보름달이 뜨던
어느 날 밤.

휘이이

그들은 나를
혼자 남겨 두고
사라져 버렸지.

모두 어디에
있나요?

휙

휙

어째서 나를
데려가지 않은
거야?

그렇게 너무나
오랜 세월이
흘렀어.

휘이이이

마법사들과 함께 살았던
때는 까맣게 잊었지.

너희를 더 강하게 만들어 주마!

언젠가 경기장 거인들을 이용해 세상을 지배할 날이 올 거야.

하지만 잠을 자야지만 강력한 힘을 발휘하기 때문에….

너 잠깐 여기 있어 봐.

난 잠 좀 자고….

싸우다 말고 자는 거야?

으악! 어디서 나타난 괴물이야?

나의 강력한 마법에 놀랐지? 꼴좋다!

드르렁

으아아~

카악

자면서 하는 마법이라니, 왠지 안 멋있어. 그게 너무 걱정이야.

쩝...

그런데 쿠키 꼬맹이들은 어디에 있지? 옛일을 생각하다 놓쳤군.

휙

휙

휙

휙

1단계를 운 좋게 통과(通過)하다니.

그래도 탐험가맛 쿠키가 거인을 유인(誘引)하려 했던 말에…

어두컴컴한 지하에서 홀로 살아가기엔 아까운 미모를 가지셨습니다.

조금 감동하긴 했어.

그래. 난 오래된 마법도시에서 혼자 살아가기엔 너무나 아까운 미모를 지니긴 했지.

후우...

하아~

맞아, 외로워. 외롭다고.

스윽

스윽

난 쿠키왕국이 생기기도 전인 고대 마법사 시절부터 살아왔단 말이야.

거인(巨人)이 좀 이상하지 않아?

훌쩍...

내가 지금 무슨 생각을 하는 거야.

도리

도리

탐험가맛 쿠키는 이렇게 달콤한 말로 나의 순진한 제자, 슈크림맛 쿠키를 꾀어냈을 거야.

쿠키 꼬맹이들이 왜 안 보이는 거야!

크르르르

빨리 나와!

뭉개 버리겠어!

크아아아

크아

무서운 거인 맞구나.

덜덜

아까는 좀 이상하지 않았어? 거인이 아니라 다른 쿠키 같았어.

그나저나 3단계 문으로 갈 수 있는 방법이 없어.

크르르르

이러다 해가 뜨겠어. 어서 빨리 경주를 시작해야 해.

달릴 길이 없는데 어떻게 뛰어?

거인(巨人)!

스윽

거인?

거인(巨人)은 클 거(巨)에 사람 인(人)으로 구성된 한자어야.

크다!

석

巨. 人.

지금 시간이 부족(不足)하다니까! 웬 한자 공부야!

아닐 부(不).

발 족(足).

人

巨

퍽

퍽

클 거(ㅌ)는
공(工, 장인 공) 자
모양의 큰 자를 들고
있는 손 모양을 본떴어.

2단계의 거인이 손에
움켜쥐고 있는 걸 봐.

아니,
저건….

경기장의
길이다!

우리가 뛸 수 없도록 손으로 길을 모아서 움켜쥐고 있는 거야.

마치 클 거(巨) 자처럼 말이야.

치사해~.

그렇다면 손을 공격해서 움켜쥔 길을 놓게 해야겠네.

우선 거인을 우리 쪽으로 유인(誘引)하자.

거인의 몸에 올라타야 손을 공격할 수 있지.

유인(誘引)하는 건 역시 탐험가맛 쿠키가 최고지.

촤-아-아

이번엔 싫어!

으악!

데굴

데굴

우당탕

헉—!

거인이다…. 거인이 바로 앞에 있어!

파닥

파닥

아, 아름다운 거인 아가씨… 말벗이라도 되어 드릴까…요?

탐험가맛 쿠키, 드디어 나타나셨군.

헉!

!

큰일 났다!

탐험가맛 쿠키님!

다, 달빛술사 쿠키님.

탐험가맛 쿠키, 가만 안 둬….

음냐

음냐

어쩌면 좋지?

화악

쑤욱

어라?

화아악

파앗

쿵

털썩

어이쿠

꿱

우리가
거울을 통과
(通過)했어.

여기가
어디야?

여기가 어디인지
알 것 같네….

휘이이이

여기는 마법도시의 지하(地下) 경기장이야.

우린 버려진 마법도시로 가는 거울을 통과(通過)한 거야.

버려진 마법도시?

어린 쿠키들이 거울을 통해 이곳으로 들어온 게로군.

초코방울이 우리에게 열심히 신호를 보냈던 거야.

초코방울?

시들

시들

갑자기 왜 이렇게 힘이 빠졌지?

스윽

어서 어린 쿠키들을 찾아보세.

여기 움직이는 경기장 길을 따라가….

움직이는?

출렁

스으옥

헐~

크아아아

또 기억났네! 마법도시의 경기장은 거인이 지키고 있다는 걸!

초코방울, 포근 실타래, 보라보라 향초! 우리를 공중으로 올려 줘!

헉! 펫들이 힘이 없어~!

비실

비실

블랙베리맛 쿠키, 피해!

아, 안 돼!

탐험가맛 쿠키님!

달빛술사 쿠키님!

하아~

누구 편을 들어야 하지?

털썩

나는 어떻게
해야 할까?

네 이름이 슈크림맛
쿠키야?

휘이이

달콤하고 예쁜
이름이네.

척

수구···?

나는 탐험가맛 쿠키야.
세계를 돌며 모험을
하고 있어.

마법도시 밖에 있는
쿠키들의 세상에 대해
이야기해 줄까?

하하

호호

화악

탐험가맛
쿠키님!

다치면 안 돼요!

팟

화악

죽어라~.

뭐, 뭐야!

누가 날
때린 거지?

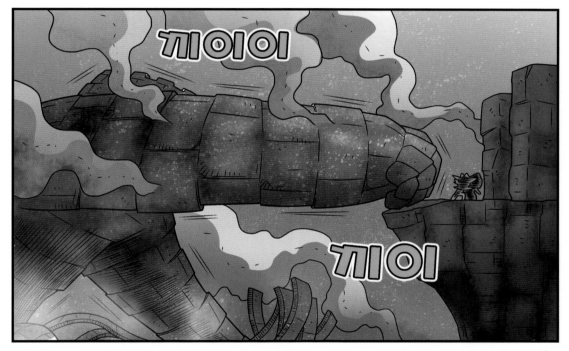

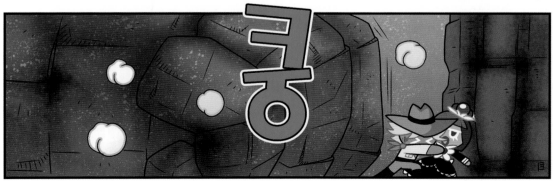

사, 살았다.

도련님?

저를 온몸으로 막아 주신 건가요?

사삭

아, 나도 모르게….

자네처럼 훌륭한 집사를 어디에서 구할 수 있겠어?

하하…

괜찮아?

우린 괜찮아!

둘 다 무사해!

……

그런데 거인이 왜
멈춘 거지?

추욱

쿵

꾹!

헐~

거인들이
멈추었네.

툭

정말.

툭

게다가 몸에 길을 내서 편히 지나가게 해 주고 말이야.

마법도시의 경기장 괴물은 노인(老人)을 *공경할 줄 아는 녀석들인가 보군.

*공경 : 공손히 받들어 모심.

고맙네, 거인 양반. 우린 이만 여길 통과(通過)하겠네.

획

획

자, 잠깐.

빨리 건너지 않고 뭐 해?

예전에 이곳을 지키는 마법사와 싸운 기억이 떠올랐네.

마법사 라고?!

받아라, 방귀 폭탄!

뿡

魔

마귀 마

이 경기장에서 살아 나갈 수 있을까?

귀신보다 무시무시한 마법도시!

캬하학—

휘이이이

도망쳐!

조심해!

뛰어!

23장

거인의 주먹을 펴라!

法
법 법

마법도시에 펫 알이?

감히 내 잠을 깨우는 자가 누구냐!

까아악

펫들아 힘을 내...

그 마법사는 잠을 자면 꿈속에서 더 강한 마법을 부렸지.

싸우다 말고 자는 거야?

쿨…

ZZZ

크아아

으악! 어디서 나타난 괴물이야?

파바박

아마 지금도 잠을 자며 마법으로 거인을 조종하고 있을 거야.

그 마법사의 이름은 달빛술사 쿠키.

달빛술사 쿠키….

휘이이이

달빛술사 쿠키는 고대 마법사들에 의해 만들어졌다고 해.

쿠키왕국이 만들어지기 전에 태어난 쿠키지.

우리보다 나이가 많다고?

어쩌면 쿠키왕국을 위협하는 굴뚝 마녀에 대해서도 뭔가 알고 있을지 몰라.

그나저나 거인이 멈추었다는 건 달빛술사 쿠키가 잠에서 깼다는 소리인데,

누가 깨운 걸까?

경기장을 완주하는 것보다 달빛술사 쿠키를 찾는 게 아이들을 도와주는 길일 거야.

우린 여기 완주(完走)할 건데?

돌아가자~

거인들도 잠잠해졌고.

이 노인(老人)들이 정말!

통

통

통

휘

이

이

이

모기 때문입니다!

모기?

애애앵

모기가 달빛술사 쿠키님의 얼굴에 앉아 피를 빨아 먹으려고 하기에 모기를 잡으려고 내려친 것입니다.

애애앵

애앵

달빛술사 쿠키님의 아름다운 얼굴에 모기 물린 자국이 나면 안 되잖아요.

애애앵

떡

떡

떡

여엇!

하긴, 네가 날 배신(背信)할 리가 없지.

그동안 너를 내 딸처럼 키우고 마법도 가르쳐 주었는데.

슈크림맛 쿠키, 내 침대에 모기장을 쳐 다오.

스윽

흥!

고작 모기 한 마리 때문에 다 잡은 쿠키들을 놓칠 순 없지.

이젠 절대로 나를 깨우지 마, 알았어?

네….

자다가 중간에 깨는 건 정말 싫다니까.

챠아악

챠악

죄송해요,
달빛술사 쿠키님.

그래도 탐험가맛
쿠키님이 무사하셔서
다행이야.

하지만 이젠 지켜
드리지 못해요.

달빛술사
쿠키님을 더는
배신할 수
없어요.

탐험가맛 쿠키님, 부디 이곳이 마법(魔法)도시라는 걸 잊지 마세요.

마법(魔法)은 마귀 마(魔) 자에 법 법(法) 자가 더해진 말로 마력(魔力)으로 이상한 일을 하는 걸 뜻해요.

콰아아

魔法

마귀 마(魔) 자는 삼 마(麻) 자와 귀신 귀(鬼) 자가 합쳐진 한자예요.

麻

鬼

삼 마(麻)는 집에서 삼의 껍질을 벗겨 옷감을 만드는 모습이고

麻

귀신 귀(鬼)는 무서운 머리를 한 사람의 모습이죠.

귀신이다!

오호호호

마귀 마(魔) 자를 보면 꼭 마법(魔法)도시에 살고 있는 달빛술사 쿠키님을 닮지 않았나요?

오호호호

파츠츠

경기에서 이기려면 달빛술사 쿠키님을 잠에서 깨워 마법(魔法)을 막는 방법밖에 없어요. 부디, 몸조심하시길….

거인이 꼼짝을 안 하니까 하나도 안 무서워.

팡

팡

하지만 거인의 손도 굳어져서 펴지지 않잖아.

후우웅

펫이 힘을 되찾을 수
있으면 좋을 텐데.

3단계로 가는 문은
너무 멀고 높은 데 있어.
길이 놓여야 갈 수 있다고.

거인아, 움직여!
손을 펴란 말이야!

팍

팍

팍

움직이란 말은 하지 마.
깨어나는 순간 우리를 한 방에
날려 버릴 테니까.

그런가?

어떻게 하면
거인의 손을 펴게
할 수 있을까?

귀찮은 쿠키 꼬맹이들!

해가 뜰 때까지 기다리는 것도 지겹구나. 당장 처리해 주마!

캬아아아

쾅

깩

으아아

어떻게 해야 거인이 주먹을 펼까?

휙

주먹을 펴?

블랙베리맛 쿠키,
나를 거인의 눈앞으로
데려다줘.

올라타세요!

파바박

이얍!

팟

힐끗

꼬맹이가 겁도 없이
달려드는구나.

씨익

거인아!

화악

나랑 가위바위보
한 판 하자!

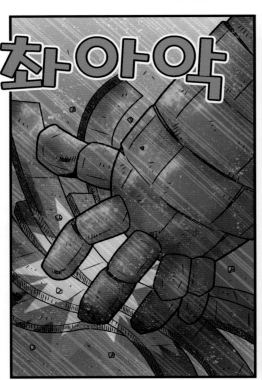

거인이 물러났다.
지금이야!

으으윽!

달빛술사
쿠키님?

저 녀석의 방귀는
꿈속에서도 지독하구나.

잠 깰
뻔했잖아!

전속력으로
뛰어!

길을 잡아당겨서 문(門)에 닿지 못하게 해 주마!

꽉

팽

팽

뒤에서 잡아당기고 있어!

촤아아

촤아

3단계로 가는 문이 얼마 안 남았어!

팍

팍

팍

만세! 성공이야!

아직 끝나지 않았어!

크아아

으아

으아아

거인이 다시 온다!

블랙베리맛 쿠키!

빨리!

화아악

우르르

설마 방귀 냄새
때문인가?

? ?

획

크아아

거인이 방귀에
물러났어.

2단계를 통과(通過)했다!

와

와아

만세!

정말 짜증 나네.
우아한 내가 이런
*수모를 당하다니!

구리

구리

*수모 : 모욕을 받음. 창피를 당함.

그래, 실컷 기뻐해라. 3단계는 절대 통과(通過)할 수 없을 테니까.

3단계의 거인은 지금까지와는 차원이 달라. 각오하라고!

달빛술사 쿠키님, 엄청 화나셨겠다.

휴우...

그래도 탐험가맛 쿠키님이 무사해서 다행이야~!

아차, 내가 기뻐하면 안 되는데….

죄송합니다, 달빛술사 쿠키님.

스윽

으드득 으득 으드드득 으득

저 쿠키들은
그동안 이곳에 왔다가
지하(地下) 감옥에
떨어졌던 쿠키들과는
다른 것 같아.

어쩌면 이 경기장을
완주(完走)하고 경기장에
숨겨진 펫 알을 찾을 수
있을지 몰라.

나도 다른
쿠키들과 어울려
즐겁게 살고 싶어.

그러면 달빛술사 쿠키님의
마음도 좀 풀리지 않을까?

흥—

더 이상 쿠키들을
미워하면서 살지
않으시고 말이야.

하지만… 3단계
경기장은….

하아…

아무리 달리기를 잘하는 쿠키라도 통과(通過)하지 못할 거야.

왜냐하면 '달릴 수 없는' 경기장이니까.

드르렁

푸아

그리고 더 이상 달빛술사 쿠키님의 잠을 깨울 수도 없어.

달빛술사 쿠키님은 내게 마법을 가르쳐 주신 스승이야. 배신하면 안 돼.

다시 해 봐.

좀 더 자신 있게!

털썩

하아

하아

자, 잠깐.

나도 마법(魔法)을 부릴 수 있잖아?

물론 달빛술사 쿠키님에 비하면 한참 부족하지만….

그래도 탐험가맛 쿠키님과 친구들을 도울 수 있을지 몰라.

달빛술사 쿠키님을 깨워 방해하는 비겁한 방법이 아니라

음냐

음냐

내 힘으로 마법(魔法)을 써서 도와주는 거야!

파 츠 츠

파 지 지 직

失

꼬마 쿠키들, 잘도 도망가는군. 거기 서라!

솟아라, 마법의 힘!

물 위의 레이스?!

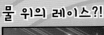

차차차 차

차 차차

글쎄~.

불꽃정령 쿠키의 바라고 바라는 짝사랑, 과연 이루어질까?

望

바랄 망

24장
물 위를 달리다!

달빛술사
쿠키님,
제가 가요~♥

달빛 궁전은
도대체
어디야?

信
믿을 신

背
등 배

콰아아아

벌써부터 좋은 냄새가 난다~.

후읍

달빛술사 쿠키님의 향기가 느껴져~.

역시 거울은 그분의 침실에 있었던…

화아악

마법의 거울을 통과(通過)하여

마법 도시로!

팟

으앗

쿵

쿵

…게 아니고 쓰레기장에 있었잖아!

이럴 수가!

내가 보낸 선물들이 전부 쓰레기장에 처박혀 있어!

불꽃정령 쿠키님, 차이셨군요.

크크크

어머?

하아~

불꽃정령 쿠키님….

달빛술사 쿠키님께 너무나 실망(失望)했어.

잃을 실(失)에 바랄 망(望), 실망(失望)!

화르르

크학

잃을 실(失) 자는 손에서 물건이 떨어져 나가는 모양을 나타내.

놓쳤어! 잃어버렸어!

특

바랄 망(望)은 지금 내 모습과 같지.

달빛술사 쿠키님~.

내게 관심도 없는 달빛술사 쿠키님을 그저 바라보는 내 모습 말이야.

바라는 것을 놓쳐 몹시 마음이 상했다는 의미의 실망(失望).

그게 내 마음이다….

으아앙~

불꽃정령 쿠키님,
너무 실망(失望)하지
마세요. 분명 오해가
있었을 거예요.

오해?

이 거울이 불꽃정령 쿠키님의
마법 거울과 연결되어 있는 걸
달빛술사 쿠키님이 깜빡했을
수도 있고요.

그, 그런가?

그렇다니까요!

천사맛 쿠키가
타락주사를 맞고
악마맛 쿠키가
되었다던데, 여전히
착한 마음이
남아 있나 보네.

흠…

벌떡

그래, 달빛술사
쿠키님께 직접
물어봐야겠어.

저 녀석, 다시
천사맛 쿠키로
돌아가는 거 아냐?

그럼요~

달빛술사 쿠키님의
궁전으로 가자~!

파바박

오늘이 달빛술사 쿠키를 이길 절호*의 기회지.

내 말 듣고 있어?

크하하하

그런데 마법사맛 쿠키, 잠든 사이에 공격하는 건 비겁하지* 않아?

뜨끔

*비겁하다 : 비열하고 겁이 많다.

무슨 소리야! 마법사들은 언제나 정정당당하게!!!

약점(弱點)을 노려 공격한다고.

그게 비겁한 거지.

그나저나 길은 맞는 거야?

헉

헉

헉

같은 길을 계속 돌고 있는 것 같다고…!

달빛궁전이 쉽게
모습을 드러낼
리가 없지.

길을 모르는
건 아니고?

이제 겨우
3단계야.

2단계도 정말
어려웠는데 3단계는
얼마나 어려울까?

휘이이

또 가위바위보로
이길 수는 없을 거야.

맞아.

하지만 딸기맛
쿠키의 작전은
정말 기발했어*!

이젠 달리기
못한다고 놀리지
않을게~.

다들 고마워.

*기발하다 : 유달리 재치가 뛰어나다.

얘들아, 우리 좀 더
서둘러야겠어.

3단계가
벌써 시작됐단
말이야….

졸 졸 졸 졸 졸

누가 신성한 쿠키런
경기장에 쉬하냐?!

우르르

용감한 쿠키,
너지?

무슨 소리야? 내가
방귀는 아무 데서나
뀌어도 오줌은
안 싼다고!

버럭

쉬하는 소리가 아니야.
이건 물소리야.

휘이이

3단계는 물이야!

우리를 노리는 거인(巨人)은 물속에 있나 봐!

차아

이렇게 깊은 강을 어떻게 건넌담?

차아아

헤엄쳐서 건너기엔 강이 너무 커.

난 수영도 못한다고!

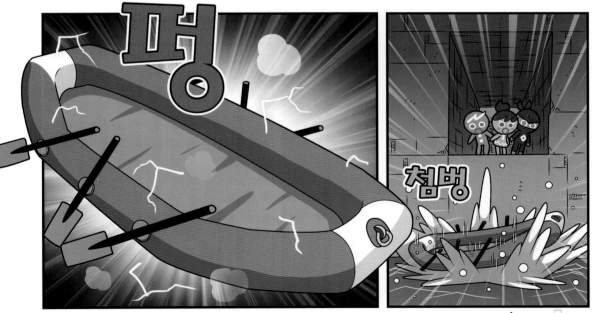

이게 뭐야?

갑자기 하늘에서 배가 떨어졌어.

근데 배에서…

슈크림 향기가 나.

슈크림처럼 푹신푹신 하기까지 해!

설마, 슈크림맛 쿠키가 날 도와주려고 보낸 걸까?

그럴 리 없어. 나는 슈크림맛 쿠키를 배신(背信)하고 도망쳤는걸?

배신(背信)은

등 배(背) 자와 믿을 신(信) 자로 이루어진 말이야.

믿었던 사람이 등을 돌렸다는 뜻이지.

흥흥 가자~

탐험가맛 쿠키님을 믿었는데 나를 배신(背信)했어.

주르륵

등 배(背) 자는 남쪽에 뜬 해를 등지고 선 북쪽을 의미하는 북녘 북(北)에

몸을 가리키는 고기 육(肉=月)이 붙은 한자야.

획

난 슈크림맛 쿠키를 배신(背信)했어.

그녀는 날 절대 용서하지 않을 거야. 날 도와줄 리가 없어.

물론 물속에서 거인이 덤벼들지 않는다면 말이야.

척

다들 물속을 잘 살펴봐.

척

툭

출발하자!

차 차 차 차 차 차 차

차아아아

물살이 엄청나게 빨라!

바로 앞에
바위가 있어!

꽉 잡아!

통

통

통

촤아아

배가 바위에
부딪혀도 부드럽게
튕겨져 나가고
있어!

배가 푹신하지 않았다면
산산조각이 났을 거야. 우리도
무사하지 못했을 거고!

촤아

촤아아아

어디서 나타났는지
모르겠지만 정말
고마운 배야!

촤아아아

어디서 저런
배를 구했지?

촤아아아아

3단계 경기장에
강이 있는 걸 미리
알았던 건가?

꼬마 녀석들,
만만치 않군.

오랜만에 승부욕을
끓어오르게 만드는
기특한 녀석들이야.

척

앗, 탐험가맛 쿠키님!

콰직!

안 돼!

스윽

이렇게 싱겁게 끝?

텅~

이럴 수가?!

어...없다...

어디로 갔지?

다다다다

거인의 몸을
타고 달리자!

우린 달리기
위해 태어난
쿠키들이니까!

파바바박

크아악

화악

물로
뛰어들어!

팟

배 위로
끌어올려 줘!

탐험가맛 쿠키가
안 보여!

헉!

배를 놓쳤어!

챠-아-아

퉁

파닥

파닥

탐험가맛 쿠키님!

젤리우스 익스트리무스!

파츠츠

어?

파 지 지 직

튜브다—!

튜브를 잡으세요.

차아아

어디서 나타난 튜브지?

여기서도 슈크림 향기가….

슈크림?

차아

이건 분명히 슈크림맛 쿠키가 보낸 거야.

그렇다면…

차아아

저 배도
슈크림맛 쿠키가
보낸 건가 봐.

설마,
그럴 리가!

나, 나를 용서해
주는 건가?

정신 차리세요,
도련님!

왜⋯.

바로 앞이
폭포라고요.

꼬맹이 쿠키들아, 어서 거인의 입으로 들어와라.

거인의 배 속에서 천년만년 갇혀 살아가라!

후우욱

콰

아

아

아

아

아

으아아아

으아아

꺄악

마법도시에 홀로 버려진 나처럼

오호호호

외로움 속에 살아가란 말이다!

큰일이다…! 거인의 입속으로 들어가면 다시는 나올 수 없어.

어떻게 하면 거인이 물을 토하게 할 수 있을까?

토하게… 한다고?

바로 그거야!

음냐

음냐

달빛술사 쿠키님, 정말 죄송해요.

척

하지만 마법도시 밖의 쿠키들과 함께 사이좋게 지낼 수 있는 방법이 있을 거예요. 분명, 분명히요.

파츠츠

25장

달빛술사 쿠키의 선택

뿌웅 뿌— 우 우 우 웅

> 그대의 사랑을
> 바라요,
> 바랄 망(望)!

> 우리 불꽃정령
> 쿠키님이
> 뭐가 부족(不足)
> 한가요?

> 첫, 내 방귀 맛이 어때?

> 실망(失望)
> 이야…!

젤리우스
익스트리무스!

파지직

파 앗

척

슈크림맛
쿠키?

너 도대체 정체가
뭐야? 아군*이야,
적군이야?

도와주러
온 거예요.

*아군 : 우리 편 군대.

슈크림맛 쿠키!
미안했어.

찌잉~

모, 모두 내 말을 들어요. 시간이 없다고요!

거인을 조종하는 건 달빛술사 쿠키님이에요.

후우욱

뭐라고?

슈크림맛 쿠키! 네가 날 배신(背信)해?

후욱

후우욱

시간이 없으니 빨리 말할게요.

용감한 쿠키, 방귀를 뀌세요!

당신의 지독한 방귀로 거인이 물을 토하게 할 수 있어요!

척

여기가 거인의 코? 에이, 모르겠다.

설마….

저 자세는?

뿌앙

크학

역시 때깔부터 다른 방귀야.

헐…….

아름답고 우아한 달빛의 마법사에게 방귀라니!

휘청

세상에!

우수수

경기장이 흔들려.

다들 얼른 코 막아!

읍

으읍

저게 뭐야?

구리

구리

윽, 구리구리한 방귀 냄새!

달빛궁전 쪽에서 방귀가 뿜어져 나오고 있어요.

크크, 설마 그분의 방귀는 아니겠죠?

농담이 지나치구나!

달빛술사 쿠키님은 분명 방귀 냄새도 향기로울 텐데~!

둥실

둥실

어서 가 보자. 날 기다리고 계실 거야.

과연 그럴까?

지독한 방귀 냄새 때문에 깨다니!

헉

헉

악몽이다!

슈크림맛 쿠키, 네가 나를 배신(背信)해?

꼬맹이 쿠키들과 함께 박살을 내 주마.

홱

어서 자자.

어서!

억지로 자려고 하니 잠이 잘 안 오잖아.

양을 세어 보자.

양 한 마리!

양 두 마리! 양 세 마리!

헉

헉

헉

이 도시는 노인을 공경할 줄 모르는 마법사들이 만들었나?

달빛술사 쿠키, 만나기만 해 봐라.

하아

하아

오!

드디어 계단이 끝났다!

덜덜

덜

저기가 달빛궁전인가?

휘이이이

도련님, 꽉 잡으세요.

탐험가맛
쿠키님.

괜찮아?

우리 좀
끌어
올려 줘!

어쩌지? 거인하고 달리기
시합을 해선 우리가
이길 수 없을 것 같아.

잠깐 모두 뒤로
물러서세요.

달빛술사
쿠키님!

이렇게까지 쿠키들을 미워하지 않아도 되잖아요!

쿠키들과 싸우지 않고 사이좋게 지낼 수 있다고요!

조그맣고 약한 쿠키들은 내 친구가 아니다. 고대 마법사만이 나의 친구야!

달빛술사 쿠키님을 버린 건 쿠키들이 아니라 고대 마법사들 이잖아요.

카학

슈크림맛 쿠키가 거인을 더 화나게 하는 것 같은데?

괘씸한 녀석, 그동안 키워 주고 마법도 가르쳐 줬는데 날 배신(背信)해?

크아아

그건 맞는 말이네.

쉿!

콱

죄, 죄송합니다.

슈크림맛 쿠키는 당신을 배신(背信)한 게 아니에요!

탐험가맛 쿠키!

척

입 막아!

콱

콰악

우읍

읍

콱

죄송합니다~. 이 녀석은 우리가 해결하겠습니다!

슈크림맛 쿠키는 자신의 마법을!

세상의 쿠키들을 행복하게 만드는 데 쓰고 싶다고 했다고요!

무엇보다 어머니나 다름없는 달빛술사 쿠키님이 행복해지길 바랐단 말이에요.

뭐?

휘이익

팍

파악

쉬이이

파앗

척

척

블랙베리맛 쿠키!

고마워요!

휘익

다음 공격은 저도 못 피해요!

슈크림맛 쿠키!

콰아아

내가 널 얼마나 아꼈는데… 날 배신하다니!

너는 마법사가 되기엔 너무 착한 아이였지.

마법을 가르쳐 주세요.

개구리를 괴물로 만들라고요? 전 못 해요. 개구리가 불쌍하잖아요.

개굴

개굴

하아

하지만….

달빛술사 쿠키님이 주무실 때 항상 옆에 있을게요.

그럼 밤에도 외롭지 않으실 거예요.

한없이 상냥한 아이였어.

버려진 마법도시를 떠날 수도 있었을 텐데

내가 혼자 남지 않도록 내 옆을 지켜 주었지.

호호

호호호

헉!

이, 이게 뭐야?

이 끈적한 건…
코코아?

헤헤, 달빛술사
쿠키님.

내 잠을
깨우다니!

너희는 누구냐!

끼이이이

끼이이

거인이 또 멈췄다!

슈크림맛 쿠키!

지, 지금이에요!
어서 달리세요.

덜덜

덜

곧 해가 뜰 거예요.
5단계 문으로 뛰어요.

파바박

그래!

기회는 지금뿐이야!

휙

휘익

휘익

휘익

달빛술사 쿠키님~
불꽃정령 쿠키님의
마음을 받아 주세요~.

그, 그만해.

디링

부들

부들

디리링

달빛궁전
꼭대기에 마법사가
있을 거야.

계단이
끝이 없네.

하아

후우

 마법도시에서 펼쳐진 달리기 시합의 결말은?! 6권에서 만나요!

5권 한자 집중 탐구

6급 通
통할 **통**

부수 辵→辶 쉬엄쉬엄 갈 착

★ 通分 (통분)
[수학] 분모가 다른 둘 이상의 분수에서 분모를 같게 만듦.

★ 開通 (개통)
길, 다리, 철로, 전화 등을 완성하거나 이어 통하게 함.

5급 過
지날 **과**

부수 辵→辶 쉬엄쉬엄 갈 착

★ 過去 (과거)
이미 지나간 때.

★ 超過 (초과)
일정한 수나 한도 따위를 넘음.

7급 不
아닐 **부**

부수 一 한 일

★ 不得不 (부득불)
마음은 내키지 않으나 마지못하여.

★ 不在 (부재)
그곳에 있지 않음.

7급 足
발 **족**

부수 足 발 족

★ 足下 (족하)
발 밑.

★ 滿足 (만족)
모자람이 없이 충분하고 넉넉함.

4급 助
도울 **조**

부수 力 힘 력

★ 助手 (조수)
어떤 책임자 밑에서 지도를 받으면서 그 일을 도와주는 사람.

★ 共助 (공조)
여러 사람이 함께 도와주거나 서로 도와줌.

4급 巨
클 **거**

부수 工 장인 공

★ 巨事 (거사)
규모가 아주 큰 일.

★ 巨匠 (거장)
예술, 과학 따위의 어느 일정 분야에서 특히 뛰어난 사람.

2급 魔
마귀 **마**

부수 鬼 귀신 귀

★ 魔術 (마술)
재빠른 손놀림이나 여러 속임수 장치를 써서 불가사의한 일을 하는 구경거리.

★ 病魔 (병마)
병을 악마에 비유한 말.

5급 法
법 **법**

부수 水→氵 물 수

★ 法典 (법전)
국가가 만들어 정한 법을 기록한 책.

★ 方法 (방법)
어떤 일을 해 나가거나 목적을 이루기 위해 취하는 수단이나 방식.

6급	부수 大 큰 대
失 잃을 (실)	★ 失敗 (실패) 일을 잘못하여 뜻한 대로 되지 않거나 그르침. ★ 遺失 (유실) 가지고 있던 돈이나 물건 따위를 부주의로 잃어버림.

5급	부수 月 달 월
望 바랄 (망)	★ 望鄕 (망향) 고향을 그리워하며 생각함. ★ 希望 (희망) 앞일에 대해 어떤 기대를 가지고 바람.

4급	부수 肉→月 고기 육
背 등 (배)	★ 背反 (배반) 믿음과 의리를 저버리고 돌아섬. ★ 背後 (배후) ①등의 뒤. ②어떤 일의 드러나지 않은 또 다른 면.

6급	부수 人→亻 사람 인
信 믿을 (신)	★ 信用 (신용) 틀림없다고 믿어 의심하지 않음. ★ 迷信 (미신) 과학적·합리적 근거가 없는 것을 맹목적으로 믿음.

★ '부수'란? 부수는 자전(옥편)에서 한자를 찾는 기준이 되는 글자로, 한자의 뜻과 연관이 있어요. 예를 들어 木(나무 목)을 부수로 쓰는 한자의 뜻은 '나무'와 연관이 있어요. 또, 부수에 해당하는 한자가 다른 글자와 만나면 모양이 조금씩 변하기도 해요. 信(믿을 신)의 亻은 人(사람 인)이 변형된 한자예요. 부수의 수는 총 214자입니다.

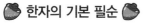

★ '한자의 필순'이란?
: 한자를 보기 좋고 빠르게 쓰기 위해, 쓰는 순서를 정한 것.

한자 필순의 원칙을 알아보자!

🌰 한자의 기본 필순 🌰

❶ 왼쪽에서 오른쪽으로 쓴다.

❷ 위에서 아래로 쓴다.

❸ 가로획과 세로획이 교차될 때는 가로획을 먼저 쓴다.

❹ 삐침과 파임(오른쪽으로 비스듬하게 내려 쓰는 한자)이 만날 때는 삐침을 먼저 쓴다.

❺ 좌우로 대칭되는 형태의 한자는 가운데 부분을 먼저 쓰고 왼쪽, 오른쪽 순서로 쓴다.

❻ 안쪽과 바깥쪽이 있을 때는 바깥쪽을 먼저 쓴다.

❼ 글자 전체를 꿰뚫는 획은 나중에 쓴다.

❽ 오른쪽 위의 점은 맨 나중에 찍는다.

❾ 받침으로 쓰이는 글자 중 走(달릴 주)는 받침을 먼저 쓰고, 辶(쉬엄쉬엄 갈 착)은 받침을 나중에 쓴다.

쿠키런
COOKIERUN
창의력 폭발 퀴즈

값 9,800원

창의력이 퐁퐁 샘솟는 두뇌 퀴즈!

쿠키들과 함께
재미있게 퀴즈를 풀면,
창의력과 사고력이 쑥쑥!

추리, 상상, 표현, 넌센스,
수수께끼까지 담은
두뇌 계발 퀴즈 75문제!

쿠키들의 다양한
고민과 문제를
친구들이 해결해 주세요!

쿠키들과 함께 재미있는 두뇌퀴즈!

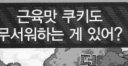

근육맛 쿠키도 무서워하는 게 있어?	다음엔 어떤 카드가 나올까?	선물은 어디에 숨겨져 있을까?	히어로맛 쿠키의 비밀 암호 소포?!

구입문의 : (02)7910-753(출판영업) 서울문화사

쿠키런 COOKIE RUN

POLICE LINE   POLICE LINE   POL

명탐정 과학 상식이 나왔다!

NEW

미스터리한 범죄의 비밀을
과학으로 명쾌히 해결하다!

과학 탐정이 되어 보는
신나는 시간!

한정판
특별부록

과학으
사건
풀어

나도 명탐정!
미니 탐정
퀴즈북

각 권 값 9,800원

🍪 베스트셀러 과학학습만화 〈쿠키런 펀펀 상식〉 시리즈

- 🔵 개그 과학 상식
- 🔵 불가사의 과학 상식
- 🔵 엉뚱 과학 상식
- 🔵 추리·수사 과학 상식
- 🔵 폭소 과학 상식
- 🔵 오싹 공포 과학 상식
- 🔵 별난 우주 과학 상식
- 🔵 신통방통 과학 상식
- 🔵 구리구리 과학 상식
- 🔵 깜짝마술 과학 상식
- 🔵 황당 과학 상식
- 🔵 반짝 미래 과학 상식
- 🔵 독한 과학 상식
- 🔵 엽기 과학 상식
- 🔵 명탐정 과학 상식

쿠키런 펀펀
상식 시리즈
계속돼요~!
뿌욱~!

구입문의 : 02)7910-750(출판영업)   서울문화사